40

하늘의 별이 된 헤라클레스

주니어RHK

신화의 가치

신화는 한 민족의 기원이나 역사적 · 종교적 · 문화적 삶의 모습을 보여 주는 옛이야기입니다. 주로 신과 영웅에 관한 이야기가 많고, 오랫동안 입에서 입으로 전해 내려왔다는 특징이 있지요.

우리가 살펴볼 그리스 로마 신화는 고대 그리스와 로마에 전해 오는 신화와 전설을 한데 묶은 것입니다. 그리스 로마 신화는 고대의 삶을 엿보게 해 주는 문화유산일 뿐만 아니라, 세계 여러 나라의 문학과 미술에 큰 영향을 끼쳤습니다. 하지만 문화적 가치만큼이나 중요한 것이 또 있습니다. 오래된 옛이야기이면서도 거기에 담긴 교훈적 가치가 오늘날에도 여전히 쓸모 있고 중요하다는 사실입니다.

놀랍지 않나요? 수천 년 전의 이야기가 어떻게 과학 문명이 고도로 발달한 오늘날에도 통하는 것일까요? 그것은 바로 그리스 로마 신화에 나오는 신과 영웅의 모습이 오늘날 우리의 모습과 다르지 않기 때문입니다. 신들도 우리처럼 분노하고, 질투하고, 실수를 하지요. 그런 모습을 보면서 우리는 깔깔 웃거나 눈물을 흘리고, 교훈과 감동을 얻습니다. 우리가 그리스 로마 신화를 읽어야 하는 까닭이 바로 이것입니다.

신화의 세계로 떠날 여러분에게 한마디 덧붙이자면, 신화는 우리에게 끝없는 상상력을 요구한다는 점입니다. 신화 속에는 수많은 은유와 상징이 곳곳에 널려 있지요. 따라서 신화를 읽을 때에는 상상력을 최대한 발휘하여 신화 속에 숨겨진 의미를 찾고, 그것을 자기 나름대로 재해석하는 과정이 필요합니다. 이렇게 읽었을 때에야 비로소 여러분 앞에 놀라운 삶의 이야기가 펼쳐질 것입니다.

자, 그럼 흥미진진한 신화의 세계 속으로 함께 떠나 볼까요?

헤라클레스는 어렵고 힘든 열두 가지 임무를
하나하나 마치고 있습니다.
무섭고, 괴롭고, 힘에 겨운 일들이지만
용기와 지혜로 씩씩하게 맞섭니다.
이제 남은 임무는 무엇일까요?
그리고 헤라클레스는 나중에 어떻게 될까요?

주요 등장인물

아켈로스

뱀과 황소 등 여러 가지 동물로
모습을 바꿀 수 있는 강의 신이에요.
데이아네이라를 좋아해서
억지로 결혼하려고 해요.

데이아네이라

칼리돈의 왕 오이네우스의 딸로
무척 아름다워요. 헤라클레스를
남편으로 맞이하지만 남편의 사랑이
변할까 봐 두려워해요.

에우리스테우스

헤라클레스의 사촌 형이에요.
헤라클레스에게 여러 가지
힘든 일을 시켜요.

헤라클레스

신들의 왕인 제우스와 인간 여자인
알크메네 사이에서 태어났어요.
아버지를 닮아 힘이 세고 용감해요.
자식들을 죽인 죄를 갚으려고
여러 가지 힘든 일을
하게 돼요.

네수스

강가에서 뱃사공 일을
하는 켄타우로스예요.
성질이 난폭하고
위험해요.

1
여덟 번째 모험

게리온이 헤라클레스에게 덤벼들었습니다.

헤라클레스는 물러서지 않고 싸웠습니다.

게리온은 머리가 셋이나 달린 괴물이라 쉽게 승부가 나지 않았습니다.

"디오메데스 왕이 애지중지하는 암말 네 마리를 데려와라!"
이것이 에우리스테우스가 시킨 여덟 번째 일이었습니다.

트라키아의 디오메데스 왕은 *포악하기로 소문난 사람이었습니다. 헤라클레스는 친구 압데로스와 함께 디오메데스 왕의 보초를 따돌리고 말을 데려왔습니다. 그 와중에 압데로스가 목숨을 잃고 말았지만, 헤라클레스는 친구의 복수를 하고 트라키아를 떠났습니다.

"아마존 여왕 히폴리테의 허리띠를 가져와라!"

에우리스테우스가 시킨 아홉 번째 일이었습니다.

아마존 여자들은 세상에서 가장 뛰어난 여자 전사들이었고, 히폴리테는 그중에서도 가장 뛰어났습니다.

*포악 사납고 악함.

디오메데스의 말들

헤라클레스가 이 말들을 데려오자 에우리스테우스는 헤라 여신에게 바쳤다고 해요. 그 후 이 말들이 낳은 새끼들은 알렉산드로스 대왕의 사랑을 받았다고 해요. 알렉산드로스 대왕은 그리스 도시를 점령하고 아시아 지역까지 진출한 옛날 마케도니아의 왕이에요.

게다가 히폴리테가
두른 허리띠는 전쟁의 신 아레스가
선물로 준 것이었습니다.
'혼자 가는 것은 위험하겠어. 같이 갈 사람들을
찾아야겠군.'
헤라클레스는 사람들을 모았습니다.

용맹스러운 헤라클레스를 따르는 사람들이 많았습니다. 배를 타고 아마존으로 떠난 헤라클레스는 이번에도 무사히 허리띠를 손에 넣고 돌아왔습니다.

에우리스테우스가 시킨 열 번째 일은 게리온의 소를 데려오는 것이었습니다. 머리가 셋 달린 괴물 게리온은 머나먼 서쪽 에리테리아 섬에서 소들을 키웠습니다. 에우리티온이라는 목동과 괴물 개 오르트로스가 그 소들을 지켰습니다. 하지만 모두 헤라클레스의 몽둥이에 얻어맞고 혼쭐이 났습니다.

화가 난 게리온이 헤라클레스에게 덤벼들었습니다.

헤라클레스는 물러서지 않고 싸웠습니다. 게리온은 머리가 셋이나 달린 괴물이라 쉽게 승부가 나지 않았습니다.

헤라클레스는 몽둥이를 휘두르다가 도망가는 척했습니다. 게리온이 잠깐 주춤하는 사이, 날쌔게 달려들어 주먹을 날렸습니다. 게리온은 힘없이 나가떨어졌습니다.

히폴리테의 허리띠

히폴리테의 허리띠는 원래 아레스의 것이었어요. 아레스는 히폴리테에게 여성 무사족인 아마조네스를 다스릴 수 있는 권력의 상징으로 이 허리띠를 주었지요. 이 허리띠는 가장 용맹한 자의 상징으로 알려져 많은 사람들이 탐냈다고 해요. 또 다른 이야기에 따르면 헤라클레스는 히폴리테의 가장 친한 친구인 멜라니페를 인질로 잡고 허리띠와 바꾸었다고도 해요.

이로써 헤라클레스는 열 가지 일을 해치웠습니다.

헤라클레스가 열 가지나 되는 힘든 일을 해내자, 에우리스테우스는 고민에 빠졌습니다.

'음, 역시 힘이 어마어마하군. 이제 힘만으로는 할 수 없는 일을 찾아야겠어.'

2
황금 사과와 케르베로스

에우리스테우스는 산 사람이 도저히 할 수 없는 숙제를 냈습니다.

"지하 세계로 가서 케르베로스를 잡아 와라."

에우리스테우스는 헤라클레스를 불러 명령했습니다.
"헤스페리데스 정원에 있는 황금 사과를 가져와라."

황금 사과를 찾는 일은 힘이 세다고 할 수 있는 일이 아니었습니다. 먼저 헤스페리데스 정원을 찾아야 했습니다. 헤라클레스는 그곳을 찾아 헤매다가, 코카서스 산맥에 묶여 있는 프로메테우스에게까지 갔습니다. 헤라클레스는 독화살을 쏘아 프로메테우스의 간을 쪼는 독수리를 죽이고, 프로메테우스를 풀어 주었습니다.

프로메테우스가 말했습니다.

"고맙네. 황금 사과는 아틀라스의 딸들인 헤스페리데스가 지키고 있지. 그런데 거대한 용이 함께 지키고 있어."

헤라클레스는 하늘을 짊어지고 있는 아틀라스에게 갔습니다. 헤라클레스가 아틀라스 대신 하늘을 짊어지고 있는 사이, 아틀라스는 황금 사과를 따다 주었습니다.

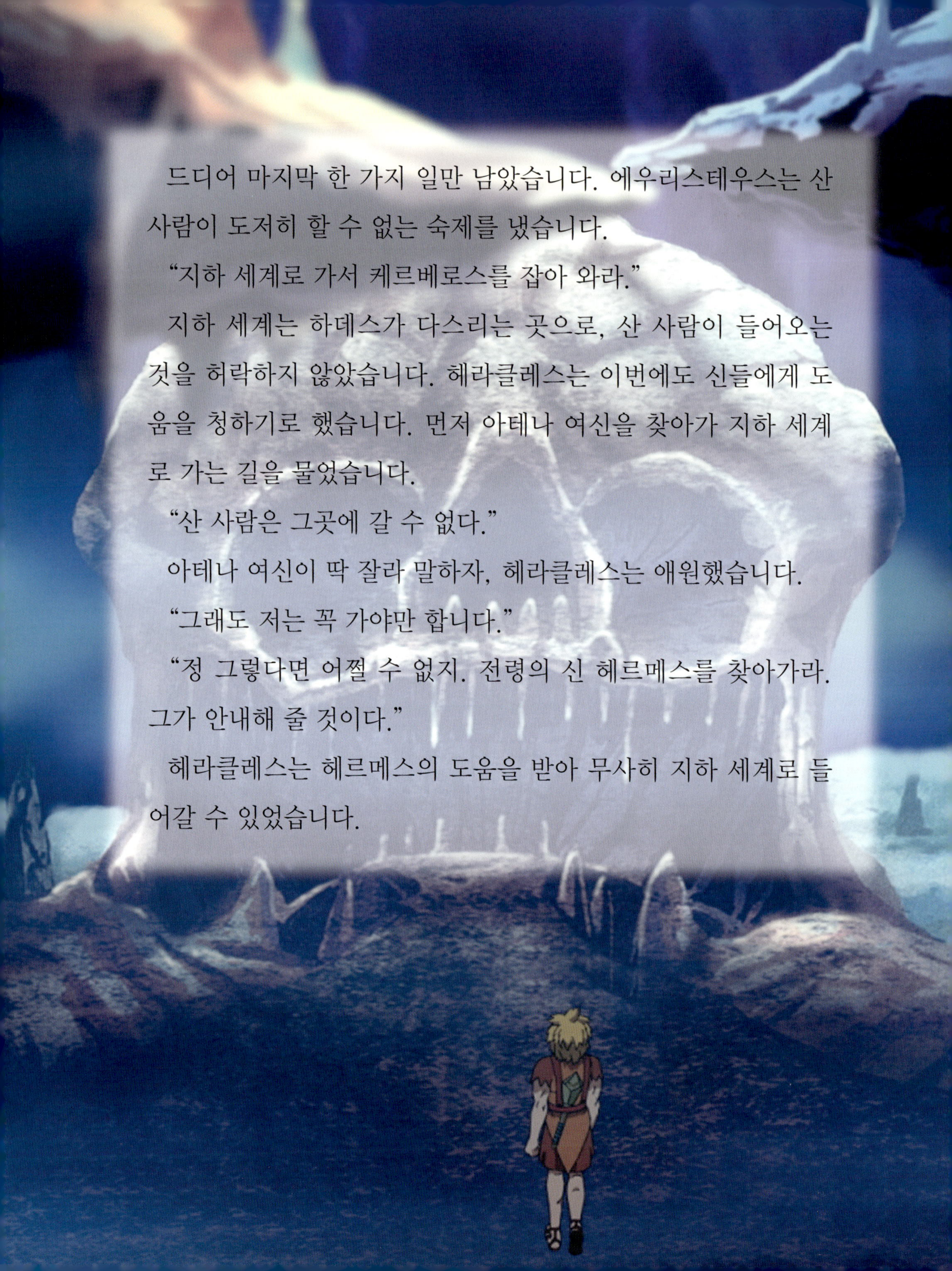

드디어 마지막 한 가지 일만 남았습니다. 에우리스테우스는 산 사람이 도저히 할 수 없는 숙제를 냈습니다.

"지하 세계로 가서 케르베로스를 잡아 와라."

지하 세계는 하데스가 다스리는 곳으로, 산 사람이 들어오는 것을 허락하지 않았습니다. 헤라클레스는 이번에도 신들에게 도움을 청하기로 했습니다. 먼저 아테나 여신을 찾아가 지하 세계로 가는 길을 물었습니다.

"산 사람은 그곳에 갈 수 없다."

아테나 여신이 딱 잘라 말하자, 헤라클레스는 애원했습니다.

"그래도 저는 꼭 가야만 합니다."

"정 그렇다면 어쩔 수 없지. 전령의 신 헤르메스를 찾아가라. 그가 안내해 줄 것이다."

헤라클레스는 헤르메스의 도움을 받아 무사히 지하 세계로 들어갈 수 있었습니다.

케르베로스와 싸우는 헤라클레스

〈헤라클레스와 케르베로스〉 프란시스코 데 수르바란

헤라클레스가 케르베로스와 싸우는 모습이 역동적으로 그려져 있어요. 전해지는 이야기로는 헤라클레스가 맨손으로 케르베로스와 싸웠다고 하는데, 그림에서는 몽둥이를 휘두르고 있어요. 케르베로스가 제아무리 무서운 괴물이라고 해도 엄청난 힘을 가진 헤라클레스 앞에서는 꼼짝 못하는 것 같아요. 어두운 배경 뒤로는 지하 세계의 불길이 치솟고 있어요.

지하 세계에서 만난 머리가 셋 달린 개 케르베로스는 헤라클레스의 상대가 되지 못했습니다. 헤라클레스는 케르베로스를 때려잡아 짊어지고 에우리스테우스에게 갔습니다.

에우리스테우스는 겁에 질려 항아리 속에 숨었습니다.

"그 개를 그만 데려가라! 너는 이제 자유다!"

헤라클레스가 해야 하는 모든 일이 이렇게 끝났습니다.

3
데이아네이라와의 만남

데이아네이라처럼 아름다운 처녀가
괴물 같은 강의 신과 억지로 결혼해야 한다니
참을 수 없었습니다.
"데이아네이라. 내가 구해 주겠소."

자유의 몸이 된 헤라클레스는 시원한 바람을 맞았습니다. 보통 사람 같으면 평생 볼까 말까 한 괴물을 수없이 무찌르다 보니 몸과 마음이 지칠 대로 지쳤습니다.

하지만 지난 잘못을 뉘우치고 주어진 일을 다 해내니 마음이 홀가분했습니다.

"이게 얼마 만인가. 몸도 마음도 자유로운 이 기분……."

헤라클레스는 강가로 내려가 강물에 손을 담갔습니다. 그리고 시원한 물을 떠 마셨습니다.

그때였습니다.

"흑흑흑……."

어디선가 *애처롭게 흐느끼는 소리가 들려왔습니다.

주위를 살피자 나무 아래 한 여인이 보였습니다.

*애처롭다 가엾고 불쌍해 마음이 슬프다.

헤라클레스는 조심스레 여인 곁으로 다가갔습니다.

흐느끼던 여인은 인기척을 느꼈는지 옆을 돌아보았습니다.

"울음소리가 나기에 와 본 것이오."

여인은 사자 가죽을 두르고 몽둥이를 든 헤라클레스의 모습에 움츠러들었습니다.
헤라클레스가 웃음을 띠며 말했습니다.

"겁먹지 마시오. 나는 헤라클레스라고 해요. 잠깐 이야기나 나눌까요?"

헤라클레스의 친절한 태도에 마음이 놓인 여인은 얼굴을 붉히며 말했습니다.

"예, 그럼 잠깐 여기 앉으세요. 저는 오이네우스 왕의 딸 데이아네이라입니다."

헤라클레스는 데이아네이라 곁에 앉았습니다.

가만히 강을 바라보던 데이아네이라는 또 울먹이면서 말했습니다.

“강물이 참 예쁘지요?”

헤라클레스는 당황했습니다.

“예, 그렇기는 한데 무슨 슬픈 일이 있는 건가요?”

데이아네이라가 입을 열었습니다.

“아켈로스라는 강의 신이 있어요. 아켈로스는 징그러운 뱀과 사나운 황소로도 변할 수 있지요. 정말 끔찍하답니다. 게다가 아켈로스는 저와 결혼하고 싶어 하는 많은 남자들을 해쳤어요.”

데이아네이라는 침을 꿀꺽 삼키고는 말을 이었습니다.

“저는 내일이면 아켈로스와 결혼을 해야 한답니다.”

강의 신 아켈로스

아켈로스는 바다의 신 오케아노스와 테티스 사이에서 태어난 3,000명의 아들 가운데 첫째예요. 데이아네이리를 아내로 맞이하기 위해 수많은 구혼자들을 물리쳤지요. 그리고 헤라클레스를 만나게 됩니다. 아켈로스가 다스리는 아켈로스 강은 그리스에서 가장 긴 강 가운데 하나예요. 또 아켈로스는 수많은 샘의 아버지로 알려져 있어요.

"이럴 수가!"

헤라클레스는 화가 났습니다. 데이아네이라처럼 아름다운 처녀가 괴물 같은 강의 신과 억지로 결혼해야 한다니 참을 수 없었습니다.

"데이아네이라. 내가 구해 주겠소."

"예? 헤라클레스, 하지만 아켈로스는 엄청나게 강한 신이에요."

헤라클레스는 흔들리지 않았습니다. 제아무리 힘센 신이라도 이길 자신이 있었습니다.

4
아켈로스와의 결투

움쭉달싹하지 못하게 된 아켈로스는 물줄기로 모습을 바꿔

헤라클레스의 손아귀를 벗어났습니다.

그러더니 거대한 황소로 변신했습니다.

"괴물 황소로 변한다더니! 비겁하군."

그날 밤, 헤라클레스는 잠을 이루지 못했습니다. 열두 가지 모험을 해치운 순간들이 머릿속을 스쳐 갔습니다. 괴물 사자, 끊임없이 머리가 돋아나는 히드라, 지옥의 개 케르베로스 등 수많은 괴물들이 헤라클레스의 주먹에 나가떨어졌습니다. 헤라클레스는 중얼거렸습니다.

"제아무리 신이라도 가만두지 않겠어."

이튿날 밤, 밝은 달이 구름 사이로 나왔습니다. 헤라클레스는 데이아네이라가 알려 준 장소로 향했습니다.

강가 절벽에서는 데이아네이라와 아켈로스의 결혼식 준비가 한창이었습니다. 한밤중의 결혼식은 *음산한 분위기를 풍겼습니다. 데이아네이라는 모든 것을 *체념한 듯 눈을 감고 있었습니다.

*음산하다 분위기 따위가 을씨년스럽고 썰렁하다.
*체념하다 희망을 버리고 아주 단념하다.

바람이 세차게 불고 강가의 물살이 점점 거세졌습니다. 놀란 데이아네이라가 눈을 번쩍 떴습니다.

"아, 아켈로스?"

거센 물살이 회오리를 일으켰습니다.

쏴아아아, 쏴아아아!

회오리는 거대한 물기둥이 되어 하늘로 솟구쳤습니다. 물기둥 꼭대기에는 체구가 우람하고 험상궂은 사나이가 서 있었습니다. 바로 강의 신 아켈로스였습니다. 아켈로스는 강물 위를 성큼성큼 걸어 뭍으로 올라왔습니다.

"데이이네이리, 드디어 오늘 밤 내 아내가 되는군!"

데이아네이라는 두려움에 얼음처럼 얼어붙었습니다.

이를 지켜보던 헤라클레스가 나섰습니다.

“잠깐, 아켈로스.”

아켈로스는 낯선 목소리에 주위를 둘러보았습니다. 곧 사자 가죽을 두른 헤라클레스를 발견하고 물었습니다.

“넌 누구냐?”

“난 제우스 신의 아들 헤라클레스다.

데이아네이라와 결혼하기 위해 너에게 결투를 신청한다."

아켈로스와 헤라클레스 사이에 팽팽한 긴장감이 감돌았습니다.

"데이아네이라의 구혼자들은 내가 모두 해치웠다. 너도 지금 물러나는 게 좋을 텐데."

하지만 헤라클레스도 지지 않았습니다.

"너야말로 데이아네이라를 그냥 두고 당장 강으로 돌아가라."

데이아네이라는 조마조마한 심정으로 둘을 바라보았습니다.

아켈로스가 말했습니다.

"좋아, 네가 정말 원한다면 결투를 받아들이지."

아켈로스는 갑작스레 헤라클레스에게 달려들었습니다. 헤라클레스 또한 아켈로스에 맞섰습니다. 헤라클레스는 덩치 큰 아켈로스를 멀리 집어던졌지만 아켈로스는 또다시 달려들었습니다.

아틀라스를 대신해 하늘을 떠받쳤을 만큼 힘센 헤라클레스였지만, 아켈로스도 만만치 않았습니다.

헤라클레스는 아켈로스의 몸을 뒤에서 휘어잡았습니다. 그리고 나무둥치같이 단단한 팔뚝에 힘을 주었습니다.

“끄아아아아!”

괴로움에 몸부림치던 아켈로스는 강물을 끌어 왔습니다. 거대한 물기둥이 덮쳐 헤라클레스는 그대로 쓰러졌습니다.

“헤라클레스!”

놀란 데이아네이라가 벌떡 일어섰습니다.

헤라클레스는 몸을 추스르고 다시 아켈로스에게 돌진했습니다. 온 힘을 다해 아켈로스를 쓰러뜨린 헤라클레스는 무시무시한 힘으로 짓눌렀습니다.

“에잇!”

움쭉달싹하지 못하게 된 아켈로스는 물줄기로 모습을 바꿔 헤라클레스의 손아귀를 벗어났습니다. 그러더니 거대한 황소로 변신했습니다.

“괴물 황소로 변한다더니! 비겁하군.”

헤라클레스는 주먹을 불끈 쥐었습니다. 콧김을 씩씩 내뿜던 황소가 날카로운 뿔을 들이밀며 헤라클레스에게 달려들었습니다.

"위험해요, 헤라클레스!"

데이아네이라가 소리쳤습니다.

헤라클레스는 번개같이 뛰어 황소의 뿔을 잡고는 그대로 집어던졌습니다. 그리고 다시 황소를 붙잡아 짓눌렀습니다.

"그만! 제발 그만! 내가 졌소!"

원래 모습으로 돌아온 아켈로스가 다급히 외치면서 싹싹 빌었습니다. 헤라클레스가 힘을 풀자, 아켈로스는 황급히 강으로 도망쳤습니다.

이렇게 해서 헤라클레스는 아켈로스를 물리치고 데이아네이라와 결혼을 하게 되었습니다. 세상에서 가장 힘센 남자 헤라클레스와 가장 아름다운 여인 데이아네이라는 많은 사람들의 축복을 받았습니다.

5
헤라클레스의 최후

"내 피를 받아 보관하시오.
남편의 사랑이 식었다고 느껴지면
내 피를 그의 옷에 바르시오.
그러면 사랑을 지킬 수 있을 테니까."

열 두 가지 어려운 일을 해치우고 어여쁜 아내까지 얻은 헤라클레스의 *명성은 나날이 높아졌습니다. 헤라클레스는 수많은 병사들을 이끌고 이곳저곳의 전쟁에 참여했습니다.

"와! 헤라클레스 님이다!"

헤라클레스가 지휘하는 부대는 사기가 하늘을 찔렀습니다. 당연히 벌이는 전투마다 승리로 물들었습니다.

*명성 세상에 널리 퍼져 평판 높은 이름.

한때 헤라클레스를 괴롭혔던 에우리스테우스 왕 또한 훌륭한 장군이 된 헤라클레스를 아꼈습니다.

헤라클레스는 과거의 잘못을 뉘우치고 다정한 남편이 되어 아내에게 무척 잘해 주었습니다. 데이아네이라 역시 남편 헤라클레스를 잘 돌보았습니다.

헤라클레스가 전쟁에 나가지 않는 동안, 부부는 함께 여행을 떠나기로 했습니다.

마침 강을 건너려는데, 켄타우로스 족인 네수스가 나타났습니다. 네수스는 강가에서 사람들을 등에 태워 건네주고 *사례금을 받고 있었습니다.

"물살이 무척 셉니다. 부인을 제게 맡기시지요."

네수스는 허리 아래는 말이었기 때문에 거센 물살을 잘 버티고 건널 수 있었습니다. 헤라클레스는 마음 놓고 네수스에게 데이아네이라를 맡겼습니다.

데이아네이라를 태운 네수스는 먼저 강을 건넜습니다. 하지만 건너편에 도착하자 데이아네이라의 손목을 움켜잡았습니다.

"아악!"

막 강을 건너려던 헤라클레스가 비명에 고개를 드니, 네수스는 이미 데이아네이라를 업은 채 도망가고 있었습니다.

헤라클레스는 재빨리 활을 들고 화살을 날렸습니다.

*사례금 사례의 뜻으로 주는 돈.

헤라클레스가 쏜 화살이 네수스의 등에 맞았습니다. 네수스는 쓰러지면서 데이아네이라에게 말했습니다.

“내 피를 받아 보관하시오. 남편의 사랑이 식었다고 느껴지면 내 피를 그의 옷에 바르시오. 그러면 사랑을 지킬 수 있을 테니까.”

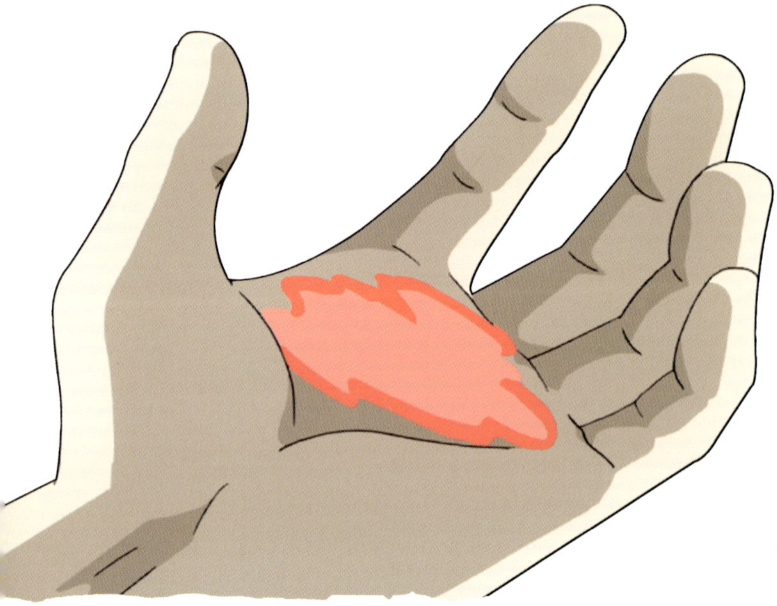

데이아네이라는 헤라클레스 몰래 네수스의 피를 받아 품 안에 넣었습니다.

여행을 마친 헤라클레스는 다시 전쟁터로 향했습니다. 그리고 데이아네이라는 남편을 기다렸습니다.

전쟁에서 이겨 오이칼리아 지역을 손에 넣은 헤라클레스는 그곳의 공주 이올레를 포로로 데려왔습니다.

이올레 공주는 누가 봐도 한눈에 빈할만큼 아름다웠습니다.

헤라클레스를 기다리던 데이아네이라 앞에 시종 한 명이 뛰어 왔습니다.

"데이아네이라 님! 헤라클레스 님이 돌아오셨습니다! 그런데 웬 여자와 함께 행진을 하고 계십니다."

"뭐라고?"

데이아네이라는 떨리는 마음으로 창밖을 내다보았습니다. 병사들에 둘러싸인 헤라클레스 옆에 눈부시게 아름다운 여인이 있었습니다.

헤라클레스가 이올레에게 반해 함께 돌아온 것입니다. 충격에 빠진 데이아네이라는 문득 네수스가 한 말이 떠올랐습니다.

데이아네이라는 오랫동안 보물처럼 간직한 네수스의 피를 꺼내 헤라클레스의 옷 곳곳에 발랐습니다.

"헤라클레스의 사랑이 변하지 않기를……."

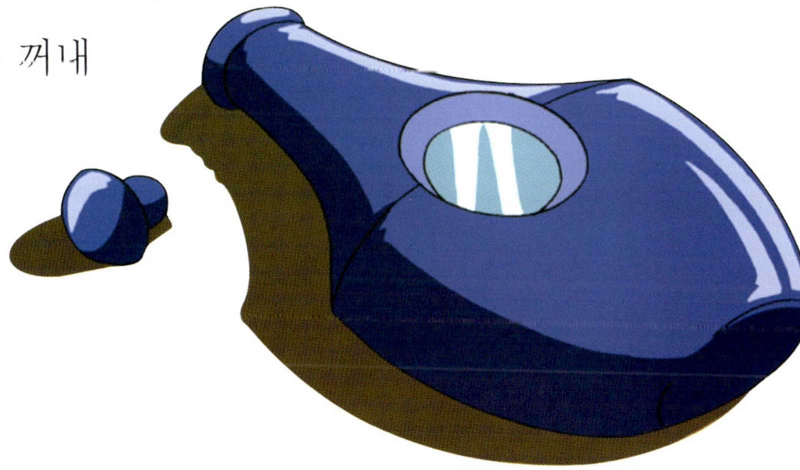

데이아네이라는 네수스의 말대로 남편의 사랑이 돌아오길 기대했습니다.

어느 날, 아무것도 모르고 그 옷을 입은 헤라클레스는 갑자기 몸을 비틀었습니다. 헤라클레스의 화살촉에 묻어 있던 히드라의 독이 네수스의 핏속으로 들어갔고, 이제 그 독이 헤라클레스의 몸에 퍼진 것입니다.

헤라클레스는 옷을 벗으려 애썼지만 옷은 살갗에 달라붙어 벗겨지지 않았습니다. 그것을 본 데이아네이라는 자신이 속은 것을 깨달았습니다.

"헤라클레스, 정말 미안해요."

데이아네이라는 그대로 자기 목숨을 끊어 버렸습니다. 헤라클레스는 눈물을 흘렸습니다. 헤라클레스는 자신도 이제 더는 살 수 없다는 것을 알았습니다.

밤하늘의 별이 된 헤라클레스

헤라클레스가 세상을 떠난 뒤 제우스가 헤라클레스를 별자리로 만들어 주었다고 해요. 헤라클레스자리는 헤라클레스가 커다란 몽둥이를 든 모습과 비슷하답니다. 헤라클레스가 하늘의 별이 되는 순간, 아틀라스가 얼굴을 한 번 찡그렸다고 해요. 헤라클레스의 무게가 더해져 무거워서 그랬다지요.

헤라클레스는 하인들을 데리고 오이테 산으로 올라갔습니다. 산꼭대기에 장작더미를 차곡차곡 쌓아 올리고는 그 위에 올라섰습니다. 장작더미 위에서 하인들에게 외쳤습니다.

"불을 붙여라."

그러나 아무도 헤라클레스의 말을 따르지 않았습니다. 그저 눈물만 흘릴 뿐이었습니다. 헤라클레스가 또 외쳤습니다.

"어서 장작에 불을 붙여라."

결국 필록테테스가 주인의 명령을 따랐습니다. 장작에 불이 붙는 것을 보고 헤라클레스가 말했습니다.

"고맙다. 너에게 선물을 주마. 내가 가지고 다니던 활과 화살은 이제 너의 것이다."

불은 빠르게 번졌습니다. 아버지 제우스는 물론 올림포스의 모든 신들이 불에 타는 헤라클레스를 슬픈 눈으로 바라보았습니다.

제우스는 헤라클레스를 올림포스로 데려왔습니다. 땅 위의 몸은 불타 없어졌지만, 올림포스에 온 헤라클레스의 단단한 근육은 그대로였습니다.

"세상 누구보다 어려운 일을 잘 해낸 강한 내 아들 헤라클레스야. 앞으로 올림포스에 머물도록 해라."

올림포스의 다른 신들도 헤라클레스를 환영했습니다.

그 뒤 헤라클레스는 신들을 도와 신을 위협하는 거인과 괴물들을 해치웠습니다. 헤라클레스를 미워했던 헤라 또한 서서히 마음의 문을 열었습니다.

"헤라클레스, 나 때문에 고생이 많았다는 걸 안다. 이제 나도 모든 걸 잊었으니, 여기 올림포스에서 잘 지내거라."

비로소 헤라클레스는 모든 것을 용서받고 올림포스에 머물게 되었답니다.

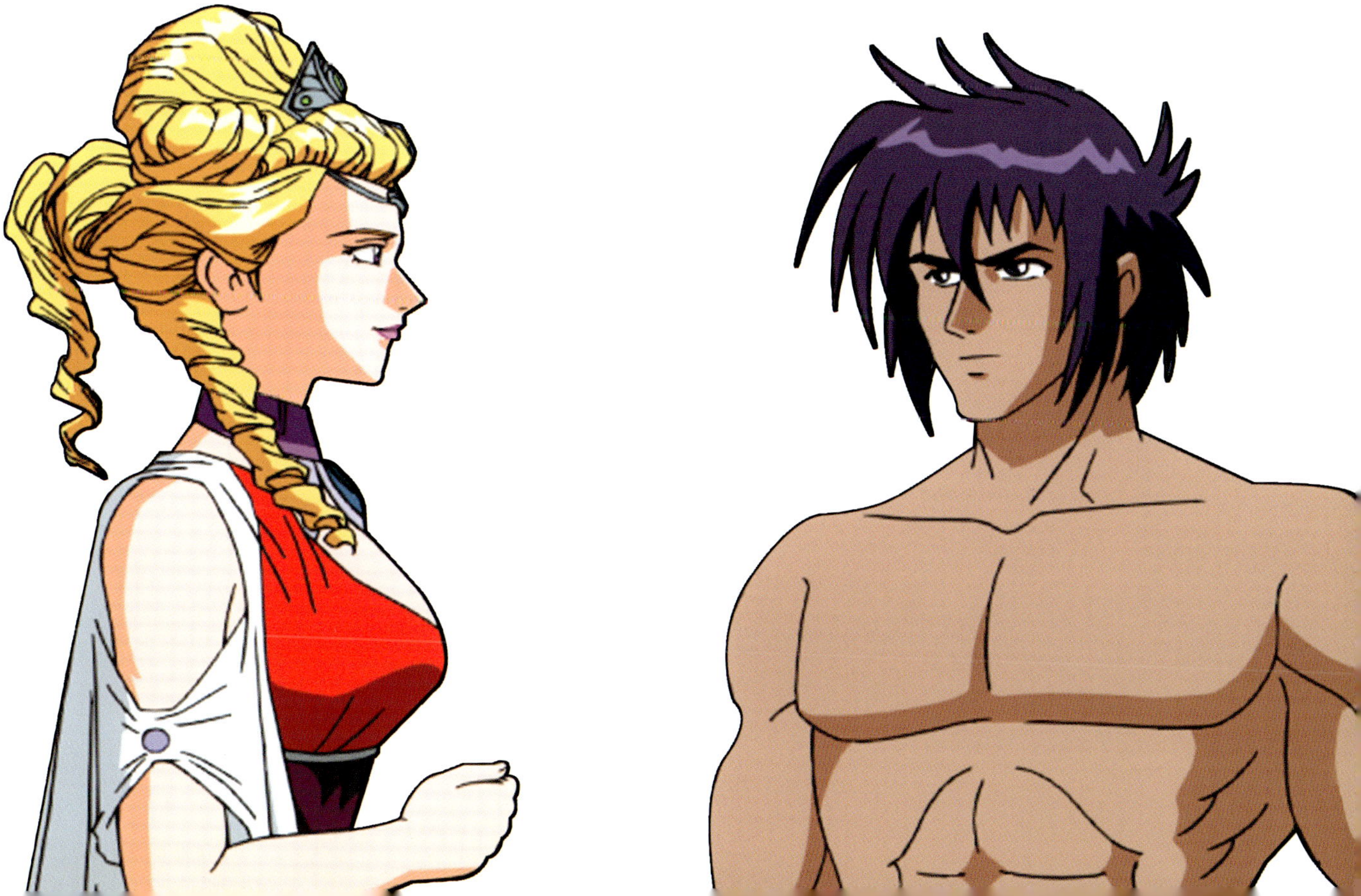

신화 뒷이야기

OLYMPUS GUARDIAN

헤라클레스가 맞서 싸운 괴물은 참으로 많고도 다양합니다. 그중에서도 사람들의 기억에 많이 남는 괴물은 히드라이지요. 히드라의 특징은 머리를 하나 자르면 두 개가 생긴다는 것입니다. 그래서 히드라는 힘으로 *제압하려 하면 할수록 더욱 강해지는 복수심과 폭력을 뜻하게 되었습니다. 만약에 친구를 한 대 때리면 맞은 친구는 두 대를 때리려고 덤비고, 두 대를 맞은 사람은 화가 나서 더 때리려 하는 것과 같습니다.

신화 속의 헤라클레스가 깨달았듯이, 악은 똑같은 악으로 맞서서는 이길 수 없습니다. 헤라클레스가 히드라의 머리를 불로 지져 머리가 더 생기지 못하게 하고 히드라의 독을 무기로 사용한 것처럼, 진정 이기고 싶다면 악이 더 자라지 않게 하는 방법을 찾아야 합니다. 나아가 악한 마음을 지혜롭게 다스리는 방법을 찾는 것이 중요합니다.

***제압하다** 위력이나 위엄으로 세력이나 기세 따위를 억눌러서 통제하다.

그 밖에도 헤라클레스 이야기에는 그리스 사람들이 생각하는 삶의 이치가 보입니다. 그토록 많은 괴물들과 싸워 이긴 헤라클레스이지만, 아내의 질투심을 돋워 결국은 목숨을 잃고 말지요. 제아무리 영웅호걸이라도 *음모에 말려든 여자의 질투심에는 살아남기 힘들다는 것입니다.

이는 사랑의 부정적인 면을 보여 주는 그리스 신화의 성격 중 하나입니다. 당시 사람들은 사랑을 꼭 좋게만 생각하지는 않았습니다. 사랑과 함께 찾아오는 의심이나 질투 같은 나쁜 감정 때문에, 행복하게 살던 사람들이 망가지거나 죽음을 맞이하는 이야기가 다른 이야기에도 많이 나옵니다. 이처럼 그리스 신화는 삶의 행복과 불행을 함께 비춥니다. 이런 삶의 이치를 읽어 내는 것 또한 그리스 신화를 읽는 재미 중 하나입니다.

*음모 나쁜 목적으로 몰래 흉악한 일을 꾸밈. 또는 그런 꾀.

올림포스 신들의 계보

크로노스 + 레아
하데스
지하 세계의 왕
포세이돈
바다의 신
제우스
신들의 왕
헤라
신들의 여왕,
제우스의 아내
헤스티아
난로 · 불의 여신
데메테르
대지의 여신
아테나
지혜 · 전쟁의 여신
제우스 + 메티스
아폴론
의술 · 음악의 신
제우스 + 레토
아르테미스
사냥 · 순결의 여신
아스클레피오스
의술의 신
아레스
전쟁의 신
제우스 + 헤라
헤파이스토스
대장간의 신
제우스 + 디오네
아프로디테
헤파이스토스의 아내,
미의 여신
에로스
사랑의 신
헤르메스
신들의 전령,
상업의 신
제우스 + 마이아
디오니소스
술의 신
제우스 + 세멜레
페르세포네
하데스의 아내
지하 세계의 여왕
제우스 + 데메테르

⚜ 그리스 로마 신화 주요 인물의 이름 ⚜

그리스 어	로마 어	영어
가이아	텔루스	
니케	빅토리아	나이키, 빅토리
데메테르	케레스	세레스
디오니소스	바쿠스	바커스
레아	키벨레	시벨레
아레스	바르스.	마스
아르테미스	디아나	다이애나
아테나	아테네, 미네르바	
아폴론	아폴로	아폴로
아프로디테	베누스	비너스
에로스	쿠피드, 아모르	큐피드
오디세우스	울릭세스	율리시스
우라노스	카일루스	유러너스
제우스	유피테르	주피터
크로노스	사투르누스	새턴
페르세포네	프로세르피나	
포세이돈	넵투누스	넵튠
하데스	플루톤	플루토
헤라	유노	주노
헤라클레스	헤르쿨레스	허큘리스
헤르메스	메르쿠리우스	머큐리
헤스티아	베스타	
헤파이스토스	불카누스	벌컨

그리스 로마 신화 올림포스 가디언 40

하늘의 별이 된 헤라클레스

펴낸이 양원석
펴낸곳 (주)알에이치코리아
등록 2004년 1월 15일 제2-3726호
주소 서울특별시 금천구 가산디지털2로 53, 20층 (한라시그마밸리)
문의전화 02)6443-8800

ISBN 978-89-255-4408-3(74800)
ISBN 978-89-255-4354-3(세트)

값 12,800원

원작 만화로 보는 그리스 로마 신화(가나출판사)
이광진 엮음, 홍은영 그림
명화 구입처 유로크레온(주)

※잘못된 책은 구입하신 곳에서 바꾸어 드립니다.
※책 모서리가 날카로워 다칠 수 있으니 사람을 향해 던지거나 떨어뜨리지 마십시오.